ÉTUDE

SUR

LA RESPONSABILITÉ DES PATRONS

EN MATIÈRE D'ACCIDENTS INDUSTRIELS

PAR

M. G. BRUNEAU

DOCTEUR EN DROIT, ANCIEN JUGE AU TRIBUNAL DE LA SEINE

PARIS
IMPRIMERIE ET LIBRAIRIE CENTRALES DES CHEMINS DE FER
IMPRIMERIE CHAIX
SOCIÉTÉ ANONYME AU CAPITAL DE SIX MILLIONS
Rue Bergère, 20
1887

ÉTUDE

SUR

LA RESPONSABILITÉ DES PATRONS

EN MATIÈRE D'ACCIDENTS INDUSTRIELS

PAR

M. G. BRUNEAU

DOCTEUR EN DROIT, ANCIEN JUGE AU TRIBUNAL DE LA SEINE

PARIS
IMPRIMERIE ET LIBRAIRIE CENTRALES DES CHEMINS DE FER
IMPRIMERIE CHAIX
SOCIÉTÉ ANONYME AU CAPITAL DE SIX MILLIONS
Rue Bergère, 20
1887

ÉTUDE

SUR

LA RESPONSABILITÉ DES PATRONS

EN MATIÈRE D'ACCIDENTS INDUSTRIELS

Les survivants, déjà très clairsemés, de la génération qui fréquentait la Faculté de Droit de Paris, il y a trente-cinq ou quarante ans, n'ont certainement pas perdu la mémoire des professeurs, à divers titres éminents, qui occupaient alors les chaires de Code civil de l'Ecole (1). Ils doivent tout particulièrement se rappeler les enseignements, d'un ordre très élevé, qu'y venait recevoir la jeunesse studieuse de ce temps, de la bouche d'un maître non moins dévoué à ses élèves qu'à la science, et qui fut, dans une heure d'enthousiasme, proclamé par les nombreux habitués de son cours, le chef de l'Ecole philosophique du Droit. Si le souvenir de cet homme de bien, malheureusement enlevé par la mort avant la fin de sa tâche, est encore présent à leur esprit, ils n'auront certainement pas oublié la formule saisissante entre toutes celles qui lui étaient familières, par laquelle il se plaisait à faire apparaître devant son auditoire, en relief et comme en une image vivante, la série des rapports intimes reliant entre eux *le Droit positif*, *le Droit naturel* et *la Morale*, et le tableau de la marche incessante du législateur moderne vers l'idéal

(1) Bugnet, Demante, Oudot, Valette.

de *la Justice*, suivant les progrès d'une civilisation de jour en jour plus pénétrée des grands principes du christianisme.

La Morale, le Droit naturel, le Droit positif, disait-il, *figurent comme trois cercles concentriques renfermés l'un dans l'autre. Le rayon lumineux parti du centre commun éclaire vivement le petit cercle du Droit positif, jette un demi-jour sur le cercle plus étendu du Droit naturel, c'est-à-dire du Droit social mieux compris, et prolonge ses dernières clartés jusqu'aux bords de l'horizon actuel de la Science dans le cercle de la Morale. Mais cet horizon est lui-même mobile. L'activité des rayons partis du centre commun s'augmente, et le premier cercle en s'élargissant presse le second, puis par lui, le troisième, pour le forcer à s'étendre proportionnellement* (1). Ainsi parlait le maître, et pour éclairer complètement sa pensée, il convient de suite d'ajouter que pour cet esprit élevé qui caractérisait le premier principe du devoir par cette autre formule : — *assistance de tout être à tout être,* — ce milieu incandescent dont les lueurs, gagnant sans cesse sur l'ombre, pénètrent de proche en proche les sphères continuellement élargies du Droit positif, du Droit naturel et de la Morale, ne pouvait être et n'était, en réalité, autre que le foyer divin de la Charité.

Les jeunes disciples, devant lesquels l'éminent professeur faisait apparaître ces frappantes images, accessibles à toutes les inspirations généreuses et confiants dans la force expansive des grands principes infusés par l'Evangile dans les sociétés nouvelles, ne considéraient point ces hautes visées philosophiques comme des utopies. Espérons, pour l'honneur de l'humanité, qu'ils ne se trompaient pas, et le passé répondant de l'avenir, tenons pour certain qu'il sera donné aux générations futures de voir la loi Humaine se rapprocher de plus en plus de la loi divine d'amour et de charité, et emprunter des clartés de plus en plus vives au rayonnement incessant de ce faisceau de lumières supé-

(1) *Conscience et Science du Devoir*, par J. Oudot, professeur de Code Napoléon à la Faculté de Droit de Paris. (Durand, libraire, 1856.)

rieures que la parole imagée d'un maître à juste titre regretté se plaisait à montrer éternellement resplendissant comme un phare immense, dressé au centre même du domaine du Droit et du Devoir.

A n'envisager, au surplus, que superficiellement les faits et les choses de l'heure présente, il pourrait sembler que cette évolution de la loi écrite vers l'idéal du juste et du bien absolu s'apprête à entrer dès maintenant dans la voie d'une réalisation pratique. Il ne paraît pas, en effet, qu'à aucune autre époque, même durant le second Empire dont le chef, cependant, ne se montra pas ennemi des expédients du socialisme d'Etat, l'on se soit, dans les hautes régions sociales, autant préoccupé qu'on affecte de l'être aujourd'hui, des problèmes économiques et juridiques dont la solution peut intéresser l'amélioration des conditions de la vie morale et matérielle des déshérités de ce monde. Nos législateurs en particulier affichent à l'envi, depuis quelques années, un zèle soutenu et des plus démonstratifs en faveur de l'œuvre en soi très méritoire, mais non exempte malheureusement de dangers et de déceptions, du relèvement des classes inférieures de la société. Il n'y aurait en vérité qu'à applaudir à ces agissements d'un caractère, en apparence, essentiellement généreux de nos hommes d'Etat, si, d'une part, il n'existait trop de motifs d'en suspecter les mobiles et de faire honneur de tels entraînements moins à l'esprit de charité qu'aux inspirations de la politique, et si, d'un autre côté, par la façon dont ils entendent le progrès et en poursuivent la réalisation, par leurs exagérations, leur dédain des règles fondamentales du Droit, ils ne risquaient de bouleverser les principes immuables de la justice, et, sous prétexte de combattre ce que l'on est convenu d'appeler la *Féodalité financière* ou *bourgeoise*, de semer dans le pays de trop nombreuses ruines.

Parmi les propositions ou projets de loi présentés tant au Sénat qu'à la Chambre des députés en ces derniers temps, sous des étiquettes plus démocratiques que libérales, et dont le plus clair résultat devrait être malheureusement de fausser absolument la notion du Droit et de compromettre la fortune publique, en aggravant l'état trop sensiblement déclinant de nos principales industries nationales (1), il convient de mettre en bonne place les propositions ou projets de loi qui ont pour objet de régler dorénavant, et dans des conditions exorbitantes du droit commun, l'administration de la preuve des faits de nature à engager la responsabilité des chefs d'entreprises ou patrons vis-à-vis de leurs ouvriers, en cas d'accidents industriels ayant entraîné pour ces derniers des blessures ou la mort.

Cette thèse de la responsabilité des patrons, en matière d'accidents industriels, constitue une question en quelque sorte permanente à l'ordre du jour de la Chambre des députés ; elle y a fait l'objet, d'année en année, de nombreuses propositions de loi émanant de l'initiative des divers groupes de la majorité, et dont l'une a même été votée en première lecture dans la séance du 23 octobre 1884. Cette même thèse discutée non sans quelque chaleur, naguère encore, dans les publications de droit et les feuilles judiciaires de France et de l'Étranger et à la barre des tribunaux, passionnait aux débuts de l'année dernière, les calmes séances de l'Académie des sciences morales et politiques. Portée devant le Sénat vers le même temps, elle y a fait l'objet, à la date du 26 janvier 1886, d'un remarquable rapport dû à la plume de M. Blavier. Elle a fourni en outre, et en dernier lieu, la matière d'un projet de loi présenté par M. Lockroy, ministre du commerce et de l'industrie, projet de loi qui, ne différant pas très sensiblement du texte adopté en première lecture au Palais-Bourbon en octobre 1884, a de grandes chances, par cela même, d'être agréé par la majorité de la Chambre qui aura à s'en occuper sans nul doute, au cours de sa session prochaine. Ce projet de loi doit appeler en conséquence tout particulièrement l'attention des jurisconsultes, et nous aurons à en étudier plus loin l'économie.

(1) Citons entre autres, comme conçues dans le même ordre d'idées et comme devant concourir sans doute aux mêmes fins regrettables, les diverses propositions de loi *ayant pour but de réglementer les rapports des Compagnies de chemins de fer avec leurs agents commissionnés*, et le projet de loi voté par la Chambre des députés et soumis actuellement au Sénat portant création de *Délégués Mineurs*.

La question complexe que comporte le sujet tout d'actualité, que ce projet de loi entend réglementer à nouveau, du moins dans certains cas déterminés, est au fond d'une extrême simplicité. Voici dans quels termes elle se pose.

A. Un ouvrier est accidentellement blessé plus ou moins grièvement ou même tué, dans l'atelier de son patron, en exécutant le travail que ce patron lui a commandé : à quelles conditions et dans quelle mesure cet ouvrier, s'il a survécu à ses blessures, ou ses ayants droit dans le cas contraire, seront-ils admis à exercer une action utile contre le maître de l'atelier, contre *le patron?*

Les causes ci-après définies ont pu seules déterminer l'accident dont cet ouvrier a été victime : *un cas fortuit, ou une force majeure, la faute du patron ou celle des personnes dont il est responsable, la faute personnelle de l'ouvrier, ou enfin, et à la fois, la faute de cet ouvrier et celle du patron ou de ses préposés* (1). Au point de vue exclusivement rationnel, il est manifeste que le patron ne saurait être tenu de réparer les conséquences dommageables pour son ouvrier d'un cas fortuit, d'une force majeure et encore moins de la faute même de cet ouvrier. Au point de vue légal il en a été jusqu'ici et sans nulle difficulté de même, et dans l'espèce posée, l'ouvrier blessé ou ses ayants droit, à son défaut, ne peuvent légalement prétendre à des dommages-intérêts contre le chef de l'entreprise que s'il est établi que l'accident industriel a procédé du fait du patron et doit être attribué à sa négligence, à son imprudence, à *sa faute* en un mot (art. 1382 et 1383 du Code civil) ou à la faute des personnes dont il répond (art. 1384 du même Code). Il s'ensuit, *a contrario*, que s'il s'agit d'un accident déterminé par un cas fortuit ou

---

(1) Les accidents industriels sont le plus souvent occasionnés par le jeu même des machines fonctionnant dans l'atelier. Il a paru sans intérêt cependant de mettre en relief cette cause d'accidents dans la nomenclature qui précède. Ce n'est là, en effet, qu'une cause secondaire des accidents dont il s'agit, et leur cause première réside toujours, soit — et lorsque le patron a suffisamment pourvu à la sécurité du personnel qu'il emploie — dans une imprudence, une faute de l'ouvrier, ou dans l'action d'une force majeure, soit dans une faute du patron ou des agents dont il répond, lorsque toutes les précautions qu'il convenait de prendre dans l'intérêt de ce même personnel n'ont point été prises par ce patron ou ses préposés.

une force majeure, ou amené uniquement par la faute de l'ouvrier qui en a souffert, ce dernier n'a aucun recours à exercer contre son patron.

B. Il faut en second lieu se demander à qui de l'ouvrier ou du patron doit incomber, dans l'hypothèse posée, la charge de faire en justice la preuve de la cause de l'accident.

Ici encore les règles du droit commun et celles d'une procédure consacrée par les usages les plus anciens et par une pratique quasi universelle vont se trouver d'accord avec le bon sens le plus vulgaire, pour dicter la seule réponse que comporte cette seconde partie de la question. Cette réponse se trouve formulée dans ce principe général de Droit dont l'article 1315 du Code civil n'est qu'une application particulière à la matière des *obligations conventionnelles*, à savoir : *que tout demandeur est tenu de justifier du fondement du droit dont il excipe :* ACTORI INCUMBIT PROBATIO.

Il convient donc de décider par application de cette règle, ncontestée jusqu'en des temps très rapprochés de nous, que l'ouvrier blessé dans un accident industriel ou ses ayants droit, au cas où la mort s'en est pour lui suivie, tenant nécessairement le rôle de *demandeurs* dans l'instance en indemnité introduite contre le maître de l'atelier dans lequel l'accident a eu lieu, auront à supporter exclusivement la charge de prouver que leur demande en dommages-intérêts est justifiée, et d'établir à cette fin, que l'accident qui a motivé cette demande a procédé en réalité de la faute du chef d'établissement *défendeur* aux débats, ou de celle de l'une des personnes dont il est civilement responsable.

De telles propositions ne devraient, ce semble, soulever aucune contradiction, et de fait elle avaient été jusqu'à présent considérées comme des axiomes juridiques ; et si quelquefois, nos cours et tribunaux ont pu se montrer sévères appréciateurs de la responsabilité des patrons, et enclins à considérer facilement comme faite la preuve d'une faute à leur charge (1), aucun d'eux n'a cependant jamais méconnu

---

(1) Voir entre autres Dijon 27 avril 1877 (Sir., 78 I. 412), Paris 12 décembre 1881 (Sir. 82, 2, 236).

dans l'application les principes fondamentaux de la matière, tels qu'ils viennent d'être exposés et tels qu'ils ont été excellemment résumés dans l'arrêt magistral de rejet du 19 juillet 1870 qui porte textuellement *que l'existence d'une faute légalement imputable constitue l'une des conditions essentielles de l'action en responsabilité, que celui qui se prétend lésé par un délit ou un quasi-délit est en conséquence, et en sa qualité de demandeur, tenu d'en justifier et que faute par lui d'en rapporter la preuve, sa demande doit être rejetée sans que le défendeur ait à prouver le fait sur lequel il fonde une exception de libération* (1)

Ces résultats très corrects de l'application des règles générales du droit à la matière de la responsabilité des patrons ont le tort, malheureusement, de se trouver en désaccord avec les théories plus utilitaires et politiques que libérales et équitables qui, dans notre milieu social si profondément remué et désorienté, tendent à dominer sur toutes choses et aussi bien sur le bon sens que sur les principes les mieux assis. Les partisans de ces théories, en ce moment triomphantes sur le sol français notamment, ne peuvent tolérer que dans un débat judiciaire entre ouvrier et patron, l'ouvrier, qui cependant entame la lutte, en demeure réduit aux seuls secours que peut offrir le droit commun à tout demandeur en justice et ne se présente pas à la barre des tribunaux muni, en de tels conflits, d'un privilège spécial. L'état de choses absolument juste et satisfaisant pour l'esprit, qui résulte des dispositions légales actuellement appliquées, constitue à leurs yeux un abus qui ne saurait être plus longtemps toléré et qui d'urgence appelle une réforme. Or, cette réforme que ses fauteurs formulent sous la dénomination de *Renversement de la preuve* serait en réalité, si elle venait à prévaloir, le renversement du bon droit et de la saine raison, car elle consiste tout simplement

---

(1) Affaire femme Painvin c. Deschamps, arrêt rendu au rapport de M. Larombière. (Sir. 71. 1. 10.) Voir conformes, Rejet 27 mai 1868 (Sirey 68 1. 298.) Lyon 9 mai 1874 (Sir. 74. 2. 316). Rejet 8 février 1875 (Sirey 75. 1. 304). Angers 17 mai 1877 et Rejet 26 novembre 1877 (Sirey 78. 1. 148). Voir encore Rejet 7 janvier 78 (Sirey 78. 1. 412) et Rejet 5 novembre 1881. (Sirey 83. 1. 402).

dans la complète suppression, en cette matière particulière, des garanties légales tutélaires du droit de la défense. Elle ne tend à rien moins en effet, ainsi qu'on va le voir, qu'à intervertir les rôles des parties en justice, et à imposer à l'avenir, dans les cas les plus fréquents, au patron recherché par son ouvrier à l'occasion de l'accident dont celui-ci aura eu à souffrir, la charge de justifier que la demande dirigée contre lui par cet ouvrier ou ses ayants cause n'est aucunement fondée.

C'est de cet esprit d'arbitraire et d'hostilité flagrante contre les chefs d'industrie que se sont successivement et plus ou moins inspirées les diverses propositions de loi sur la responsabilité patronale dont la Chambre s'est trouvée saisie au cours des dernières législatures. Le projet de loi, déposé sur son bureau, en février 1886, par le Ministre du commerce et de l'industrie, se conforme malheureusement, il faut bien le dire, aux doctrines favorites de la majorité des élus du suffrage universel, en cette grave matière. Il n'est, à proprement parler, tout au moins dans sa première partie, que l'exacte reproduction des dispositions légales, votées par la Chambre en première lecture sur le dépot du rapport fait par M. Girard, le 28 mars 1882, au sujet de différentes propositions parlementaires ayant le même objet, et ces dispositions elles-mêmes connues sous le nom d'*Amendement Girard*, et adoptées dans la séance du 23 octobre 1884, ne sont en réalité rien autre chose qu'un résumé, habilement fondu et, il faut le reconnaître, assagi dans une certaine mesure, des nombreuses propositions de loi sur le même sujet soumises antérieurement à la Chambre. En cet état de choses, s'il est facile de préjuger l'accueil qui sera fait à ce projet de loi du Gouvernement par la majorité de la Chambre, il est également permis, quoi qu'il doive arriver, d'exprimer le regret qu'il soit possible qu'un tel projet puisse jamais avoir force de loi parmi nous.

La succincte analyse, qui va en être donnée, fera nettement ressortir le caractère essentiellement politique et assurément antijuridique de ce projet et le lecteur, dès qu'il en aura apprécié l'économie et la portée finale, comprendra sans peine que les principes nouveaux, que ce même projet entend consacrer, aient de tous cotés soulevé les protestations de nos Chambres de commerce, et qu'ils doivent tout aussi inévitablement appeler l'improbation et les critiques des jurisconsultes. (1)

Deux titres distincts composent le projet de loi présenté par M. Lockroy au nom du Président de la République, sous cette dénomination, soit dit en passant à plusieurs points de vue, trop générale : *De la Responsabilité des accidents dont les ouvriers sont victimes dans leur travail.* L'un de ces titres traite *de la Responsabilité du droit commun* ; le second s'occupe spécialement *du Risque professionnel.* Ces deux titres constituent par leur combinaison un ensemble de mesures absolument exorbitantes du droit commun et très préjudiciables aux légitimes intérêts des hauts patrons ; ils forment comme un réseau serré de responsabilités et de charges géminées, auxquelles ne saurait se soustraire aucun chef de grande industrie, même le plus diligent, si ce n'est au moyen de coûteuses assurances, et ils présentent un corps de doctrines empreintes d'un socialisme d'État bien autrement accusé que celui qui a présidé à l'élaboration de la loi du 11 juillet 1868, par laquelle a été instituée la Caisse nationale d'assurances en cas d'accidents survenus dans l'exécution des travaux industriels et agricoles.

L'article 1er du titre 1er, placé sous la rubrique : *De la Responsabilité de droit commun,* est ainsi conçu dans son paragraphe initial : *Dans les usines, manufactures, fabriques, chantiers, mines et carrières, entreprises de transports et, en outre, dans les autres exploitations de tous genres où il est fait usage d'un outillage à moteur mécanique, le chef de l'entreprise est présumé responsable des accidents survenus dans le travail à ses ouvriers ou préposés.*

Ce texte, sans qu'il y ait d'ailleurs lieu de s'arrêter à l'incorrection de sa phrase finale, nécessite, avant d'aborder le fond de ses dispositions, une critique d'ordre logique d'une

(1) Il n'est peut-être pas sans intérêt de faire remarquer que la Commission extra-parlementaire instituée au ministère du commerce pour préparer le projet de loi en question, n'a compté parmi ses membres qu'un petit nombre d'hommes de loi. Il convient, au reste, d'ajouter que la simple comparaison du texte qu'elle a adopté avec celui de l'*Amendement Girard* démontre que cette Commission ne s'est point mise, dans la circonstance, dans de grands frais d'imagination.

certaine importance. Il n'exprime pas, en effet, ce qu'il veut et devrait exprimer. C'est user d'une locution tout à fait impropre (1) que de dire que le chef d'une entreprise sera, dans les conditions prévues par l'article examiné, *présumé responsable des accidents,* etc. Une responsabilité s'affirme, se décrète, mais ne peut se présumer ; une responsabilité légale n'est que la conséquence d'un acte, d'un fait déterminé, que la loi considère comme constituant un cas de faute. Sans doute l'existence de ce fait générateur de la responsabilité légale peut être légalement présumée en dehors de toute preuve de sa réalité, mais si la loi peut ainsi rattacher une responsabilité à un cas de faute hypothétique (ce dont la présente disposition va nous fournir un exemple), son pouvoir ne va pas et ne saurait aller jusqu'à édicter une *présomption de responsabilité.* Cela ne se peut en effet, parce que de sa nature la responsabilité répugne à l'hypothèse, qu'elle ne se comprend pas envisagée isolément d'un fait certain qui l'engendre, et ne saurait exister qu'à la condition de dériver effectivement de la cause efficiente dont elle dépend, c'est-à-dire, et en bonne justice, d'un acte réellement accompli par l'agent déclaré responsable et tout au moins, et en bonne logique, d'un acte légalement réputé accompli par cet agent. Tenons donc pour avéré que, sous le couvert de ces termes inexacts *est présumé responsable,* la loi en projet entend bel et bien *déclarer a priori*

(1) Cette impropriété de termes n'est pas la seule que l'on doive relever dans le projet du gouvernement. C'est ainsi que dans le § 2me de notre article il est question de force majeure et cas fortuit *qui ne peuvent être imputés au patron ni aux personnes dont il doit répondre.* En s'exprimant ainsi, les rédacteurs de la loi n'ont point usé d'un langage juridique. La force majeure, *vis divina,* ne peut sans perdre son caractère essentiel, se rattacher de près ou de loin par un lien de causalité à un fait de l'agent responsable. Pour le *cas fortuit,* de même la cause dont il découle n'est plus un *hasard.* lorsque cette cause procède en dernière analyse d'une faute imputable à cet agent. — C'est ainsi encore que, dans les articles 6 et 7 du projet de loi, ses auteurs paraissent avoir confondu les sociétés d'assurances *à primes fixes* avec les sociétés d'assurances *anonymes,* oubliant sans doute, quand ils opposent dans ces articles les sociétés *d'assurances mutuelles* aux sociétés d'assurances *anonymes,* que la forme de *l'anonymat* appartient aussi bien aux sociétés d'assurances *mutuelles* qu'aux sociétés d'assurances qui ne reposent pas sur la mutualité, et que l'on appelle sociétés d'assurances à primes fixes.

responsable le chef d'entreprise, des conséquences des accidents qu'elle prévoit, et que la présomption légale qu'elle édicte porte non point sur la responsabilité du patron, responsabilité qui se présente ici à l'état de certitude absolue, mais seulement sur l'existence de la cause efficiente de cette responsabilité, c'est-à-dire sur l'existence d'une faute imputable à ce patron.

Cette première observation posée, et avant de passer à la recherche quelque peu laborieuse des considérations de fait qui peuvent servir de fondement à la responsabilité que le projet de loi fait ainsi peser sur le patron, et avant aussi de mesurer l'étendue de cette même responsabilité, il convient de déterminer les espèces que ce projet de loi a spécialement en vue. Le texte ci-dessus transcrit a la prétention de les préciser, mais il est à craindre qu'à l'expérimentation il ne donne quelque tablature aux juges chargés de limiter le champ de ses applications.

Ce champ, disons-le de suite, n'est point aussi vaste que pourrait le faire supposer l'intitulé, compréhensif à l'excès, de la loi en projet. Tous les patrons français ne sont point de par ce projet mis en suspicion, et présumés *a priori* en faute en cas d'accidents, et les rigueurs de la loi nouvelle sont exclusivement réservées aux patrons de la grande industrie.

L'exactitude de cette proposition ressort manifestement du texte même examiné, et de son esprit tel qu'il nous est attesté par le rapport de la Commission et par le rapport Girard (1). Le texte: il porte en effet *que le chef de l'entreprise est présumé responsable des accidents survenus dans le travail à ses ouvriers et préposés*, 1° DANS LES USINES, MANUFACTURES, FABRIQUES, CHANTIERS, MINES, CARRIÈRES, ENTREPRISES DE TRANSPORTS, toutes denominations qui désignent dans le langage usuel, des établissements de grande industrie, et

(1) Le rapport de la Commission s'en réfère très fréquemment au rapport Girard, et comme d'ailleurs, le texte par elle adopté ne diffère en quelque sorte pas, en cette partie, du texte de l'amendement Girard, il s'ensuit que le meilleur commentaire du premier titre de la loi se trouve dans le rapport présenté à la Chambre par l'auteur de cet amendement, sur cet amendement même.

2° et EN OUTRE DANS LES AUTRES EXPLOITATIONS DE TOUT GENRE OU IL EST FAIT USAGE D'UN OUTILLAGE A MOTEUR MÉCANIQUE, particularité qui caractérise encore les grands établissements industriels. Son esprit : la Commission de laquelle émane le projet de loi, nous apprend en effet que la *présomption de responsabilité* (lisons de faute) que crée le projet, *n'est mis à la charge du patron que dans les grands établissements industriels ;* et elle ajoute *que, quant à la petite industrie et à toutes les autres professions qui n'ont pas un caractère industriel et où pourtant on emploie les services d'autrui, il lui a paru inutile et même dangereux de s'en occuper.* De même, le rapport Girard nous confirme que la présomption de responsabilité (lisons de faute), érigée contre le patron dans son amendement (lequel fut, en somme, adopté en première lecture par la Chambre et aurait été sans doute par elle voté en seconde délibération, s'il eût pu lui être à nouveau soumis avant l'expiration de ses pouvoirs), n'a pas été introduit dans l'intérêt des ouvriers agricoles (1), ou des ouvriers employés dans la petite industrie, et qu'elle ne milite qu'au profit des ouvriers travaillant dans les grands établissements industriels où le danger est en quelque sorte en permanence, par suite de la complication et de l'extrême puissance de la machinerie. Le rapporteur fait même remarquer que c'est à dessein et pour éviter toute confusion à ce sujet, que le mot *atelier* que l'on emploie souvent pour désigner de petites installations industrielles, a été omis dans la nomenclature formulée dans l'article premier de son amendement lequel, rappelons-le encore une fois, est devenu sans nulle modification l'article premier du projet de loi du Gouvernement.

Cette nomenclature pourrait donner lieu, cela saute aux yeux, à plus d'une observation critique, et ce n'est pas sans raison que le rapporteur Girard, qui en est le veritable auteur, confesse quelque part qu'il regrette *de n'avoir pu parve-*

(1) A moins toutefois, dit le rapport Girard, que le travail agricole ne se complique d'un travail industriel, — et il cite comme exemple ce qui a lieu dans les distilleries, les sucreries, etc.

nir à condenser cette énumération dans une meilleure concision de langage. Il est certain que chacun des termes qui la composent peut prêter à la discussion, et comporte une glose explicative. Que faut-il entendre légalement par ces mots *usines, manufactures, fabriques?* A quelle échelle le juge mesurera-t-il la différence qui peut exister entre tel établissement industriel qui méritera le nom de manufacture ou de fabrique et tel autre qui ne serait pas en situation de le porter légalement? Se décidera-t-il, pour opérer un pareil classement, par la considération du nombre d'ouvriers, par celle de l'importance des locaux ou des affaires? Mais où sera en cela l'exacte limite, et en tous cas quelle source d'appréciations arbitraires! On peut, d'un autre côté, se demander s'il existe à cette heure en France des usines, manufactures ou fabriques qui ne soient pas munies d'un outillage à moteur mécanique, et comme il faut en outre conclure des termes *exploitations, chefs d'entreprises* employés dans la partie finale du texte examiné, que les établissements à moteurs mécaniques que la loi a en vue ne peuvent être que des ateliers de travail importants, la distinction établie au texte entre les usines, fabriques, manufactures, et les exploitations munies d'un outillage à moteur mécanique, est faite pour étonner quelque peu. Il faut remarquer encore que l'expression *chantiers*, prise isolément comme elle l'est ici, n'a pas de signification bien précise et peut indifféremment indiquer un simple dépôt de bois ou de matériaux, des ateliers où le bois et la pierre sont façonnés à la main par un petit nombre de même que par un grand nombre d'ouvriers, ou encore les grands chantiers de constructions où le travail des machines vient en aide à celui d'un personnel nombreux. Cet autre terme *entreprises de transport* demanderait aussi à être davantage précisé, afin qu'il soit bien compris qu'il ne vise dans le texte que les grandes entreprises de transport et sans doute plus spécialement, les Compagnies de chemins de fer qui monopolisent presque complètement, aujourd'hui, ces sortes d'entreprises, et qui sont devenues, personne ne l'ignore, l'objet en ces derniers temps, de si fréquentes et de si violentes attaques dans le Parlement. Enfin, par ce mot *mines* le rédacteur de l'article entend-il désigner les *minières* aussi bien que les *mines* proprement dites? Ce serait encore un point à éclaircir.

La discussion de la loi jettera du jour, sans nul doute, sur ces questions de détail sur lesquelles il ne nous convient pas de nous attarder. Il suffit quant à présent, pour résumer ce qui précède, de mettre en relief cette proposition qui forme le trait caractéristique du projet de loi dont nous occupons le lecteur, que le patron dans la grande industrie sera dorénavant légalement responsable en *principe* de tout accident survenu dans son établissement, de quelque cause que puisse procéder cet accident. Hâtons-nous cependant d'ajouter, et ce n'est que justice, qu'à ces rigueurs contre le haut patron, le projet de loi n'ajoute pas celle de décider que la présomption de faute dont elle le charge constituera une présomption *juris et de jure*, n'admettant pas la preuve contraire. Non (et c'est ici qu'apparaît dans tout son lustre la théorie *du renversement de la preuve*), non, car le second paragraphe de l'article 1er de la loi en projet porte expressément *que cette présomption cesse lorsqu'il* (le chef de l'entreprise) *fournit la preuve ou bien que l'accident est arrivé par force majeure ou cas fortuit qui ne peuvent être imputés ni à lui, ni au personnel dont il doit répondre (1), ou bien que l'accident a pour cause exclusive la propre imprudence de la victime.*

Il n'y a pas lieu de s'appesantir sur les vices flagrants de cette nouvelle théorie légale dont nous avons au surplus stigmatisé plus haut, ainsi qu'il convient, les tendances, le caractère et les conséquences. Si l'on rapproche des dispositions qui précèdent celles de l'article 12, qui prononce la nullité de toute convention contraire à la loi en projet, l'on aura sous les yeux le résumé de l'économie plus que rigou-

---

(1) Sans insister sur cette incorrection de langage déjà signalée, notons cette autre conséquence d'une rédaction défectueuse. Le texte dit que la *présomption de responsabilité* (lisons de *faute*) *cessera* lorsque le patron aura prouvé que l'accident a pour cause *exclusive* la propre imprudence de la victime. Est-ce donc à dire que la responsabilité du patron ne sera nullement diminuée s'il est prouvé que l'accident procède *seulement pour partie* de la faute de l'ouvrier? Il faut admettre pour l'honneur du législateur que telle n'a pas été sa pensée.

reuse pour les hauts patrons de cette même loi en ce qui touche les cas *de responsabilité*, dite, par antiphrase sans doute, *de droit commun*. Ajoutons cependant, pour en finir avec les textes compris dans ce premier titre du projet de loi, que ses rédacteurs, en édictant dans l'article 2 de ce titre que les demandes en dommages-intérêts formées en vertu de l'article 1er seront jugées comme affaires sommaires, se sont fait quelque illusion sur les résultats pratiques de cette prescription, au point de vue du moins, d'une plus prompte expédition des affaires. Sans grande utilité à cet égard devant les tribunaux peu occupés, elle viendra sûrement dans les grands sièges, et spécialement au tribunal de la Seine, avorter devant des encombrements de rôles qu'elle contribuera singulièrement à augmenter.

Que si maintenant l'on veut se demander sur quelles considérations majeures de fait ou de droit, repose en réalité l'innovation capitale en matière de responsabilité et de preuve, instituée par cet étrange projet de loi, et si l'on interroge à ce sujet l'un et l'autre des rapports qui forment le commentaire naturel de ses dispositions, l'on demeure quelque peu désappointé. Toute responsabilité légale, avons-nous dit, et ce principe est indiscutable, implique l'existence prouvée ou légalement présumée d'une faute de l'agent responsable. De faute prouvée, il ne saurait être naturellement ici question, puisqu'il ne s'agit point d'apprécier des espèces en action, mais l'on doit s'attendre au moins à rencontrer dans ces commentaires les éléments d'une solide théorie de présomption de faute à la charge des hauts patrons. En fait, il n'en est rien, et ni dans le rapport Girard, ni dans le rapport de la Commission extra-parlementaire dite *des accidents de fabrique*, l'on ne trouve même l'ombre d'une semblable théorie. Les uniques raisons d'être de ces dispositions légales nouvelles, que l'on y découvre, se résument en ces deux considérations, aussi peu solides et aussi peu déterminantes l'une que l'autre. Premièrement la preuve de la cause des accidents est plus facile à faire pour le patron que pour l'ouvrier. C'est là, il faut bien le dire, une pure allégation qu'il serait difficile de justifier en fait, et si sous cette affirmation toute gratuite se dissimule par aventure la pensée, que par sa situation de fortune et l'autorité qu'il exerce sur ses subordonnés, le chef d'industrie pourrait, à l'occasion, influencer les témoignages dans une enquête et les faire tourner à son avantage, on serait en droit d'opposer à cette supposition celle tout au moins aussi plausible, où la sincérité de ces mêmes témoignages viendrait à se ressentir des effets de la solidarité de jour en jour plus étroite et plus puissante, qui, dans les grands centres surtout, règne parmi les ouvriers d'un même atelier. En second lieu, l'on fait valoir à l'appui du projet de loi en question, ce fait non douteux d'ailleurs, qu'au fur et à mesure des progrès de l'industrie et, par suite, dans les établissements où ces progrès se trouvent réalisés sur une grande échelle, les risques d'accidents pour les ouvriers ont augmenté dans une mesure sensible, et qu'en outre dans ces mêmes conditions, le travail laisse une part plus grande aux cas fortuits, à la force majeure, et on en convient même expressément, aux imprudences de l'ouvrier lui-même, et on en conclut, au moyen d'une déduction d'une logique plus que discutable, que la responsabilité du patron doit en être aggravée, et que par cela seul que la preuve de la cause de l'accident peut être devenue plus difficile à faire qu'elle ne l'était peut-être avant les derniers perfectionnements de l'industrie, ce sera à lui dorénavant à fournir, en tout état de cause, cette preuve à ses risques et périls. On se demande en vérité ce qu'ont de commun de pareils raisonnements avec les plus simples notions du droit et même de l'équité, et où, dans de telles considérations, peut trouver sa place l'idée mère de toute responsabilité légale, l'affirmation d'un fait de faute à la charge de l'agent responsable. Cependant, comme la logique ne saurait perdre en aucun cas ses droits, il faut bien admettre que les rédacteurs du projet de loi ont été quand même, déterminés à en arrêter les termes, sous l'influence de la vague vision de quelque cas hypothétique de faute à la charge du haut patron ; mais à défaut par eux de s'en être aucunement expliqués, on en est réduit à craindre que dans la circonstance, ils n'aient peut-être été amenés, sans s'en rendre bien compte, à considérer les hauts patrons comme en faute par cela seul qu'ils ont la qualité de grands et puissants chefs d'entreprises. Au surplus, on ne saurait mieux caractériser que ne l'a fait M. Girard lui-même, dans son rapport, les fins en dernière analyse de la loi en projet, lorsqu'il reconnaît qu'*ici la forme emporte le fond;* et lorsqu'il dit que *s'il arrive, comme cela a lieu de plus en plus fréquemment, que la cause de l'accident déjoue les investigations et demeure inconnue, cet inconnu dont l'ouvrier souffre aujourd'hui, demain et après le vote du projet, ira grever le patron.* Mais quand il se demande après cet exposé, *laquelle de ces solutions est la plus juste*, il est facile de lui répondre que le seul procédé juste en cette matière, est celui qui, sans se préoccuper en aucune façon de la situation sociale des parties en conflit, fait peser le fardeau de la preuve sur celle de ces parties qui se présente avec la qualité de demandeur.

Il ne reste qu'un mot à ajouter pour en terminer sur ce point. Après avoir affirmé que le projet de loi examiné conduit à des résultats équitables, ses auteurs essayent de démontrer que les dispositions de ce même projet ne sont pas en contradiction formelle avec le dernier état de la jurisprudence en France, et de trouver des analogues dans nos lois présentement en vigueur. Le rapport de la Commission extra-parlementaire insinue en effet, qu'actuellement nos cours et tribunaux et la cour de cassation rendent le patron responsable des accidents *même en cas d'imprudence de la victime*, en ajoutant *qu'il ne s'agirait dès lors que de consacrer dans la loi une jurisprudence établie*. Il y a là une erreur de fait et de droit qu'il est à peine utile de relever. Aucun tribunal en France ne s'est avisé jusqu'à cette heure, et les monuments de jurisprudence cités au début de cette étude en font foi (1), de juger que c'est au patron défendeur de faire la preuve que l'accident qui donne lieu au procès n'est pas arrivé par sa faute, et s'il a été décidé que le patron pouvait dans une certaine mesure être responsable des conséquences d'un accident dû à l'imprudence de l'ouvrier, c'est que dans de telles espèces

(1) Voir notes, pages 8 et 9.

il était démontré que l'accident avait procédé pour partie de la faute du maître. D'un autre côté, M. Girard fait remarquer dans son rapport, que le projet de loi (qui est pour la majeure partie son œuvre) ne fait, après tout, qu'introduire dans nos lois un cas nouveau de *présomptions légales*, et ajouter une espèce à celles dans lesquelles nos codes admettent au profit d'un demandeur une dérogation au principe formulé dans l'article 1315 du Code civil. Cela est exact ; mais ce qui ne l'est pas moins, c'est que, alors que les présomptions légales auxquelles il est fait ainsi allusion reposent toutes sur des nécessités ou sur des vraisemblances qui s'imposent, et sur des déductions du connu à l'inconnu absolument rationnelles et souvent indiscutables, alors que spécialement la dispense de faire la preuve que la loi accorde au demandeur dans des cas essentiellement exceptionnels, se justifie par les motifs les plus puissants de fait ou d'équité, alors plus spécialement encore que celles des présomptions légales anciennes qui ont pour but de créer des responsabilités se basent sur des probabilités qui rendent quasi-certaine l'existence d'une faute (le plus souvent un défaut de surveillance) imputable à l'agent déclaré responsable (art. 1382 et suiv., art. 1733 et 1734 du Code civil, loi du 10 vendémiaire an IV), celle que le projet de loi sur la responsabilité des patrons aurait pour effet d'inaugurer, ne procède que de l'arbitraire et ne se présente, en réalité, étayée d'aucune bonne raison. Ce n'est pas, d'ailleurs, un spectacle médiocrement curieux que celui que nous offre ainsi le législateur lorsqu'il tente d'ériger de la sorte, d'une main, une nouvelle présomption légale dont la valeur juridique n'est rien moins que manifeste, tandis que de l'autre main, il vient, pour l'amour du droit commun, de porter atteinte à une autre présomption légale, dont les effets n'avaient point été cependant réglés tels quels, primitivement, sans de graves motifs, par les rédacteurs du Code civil. (Loi du 5 janvier 1883, modificative de l'art. 1734 Code civil.)

Le titre 2 du projet de loi présenté par le gouvernement s'occupe, nous l'avons dit précédemment, du *Risque professionnel*.

Qu'est-ce que le risque professionnel ? C'est, ainsi que nous l'apprend le rapport de la Commission extra-parlementaire, nombre de fois cité au cours de ce travail, le danger que fait courir à l'ouvrier la nature même de l'industrie à laquelle il appartient, le péril inhérent *à sa profession* en dehors de toute hypothèse de faute imputable, soit à lui-même, soit au patron qui l'emploie (1). C'est donc à proprement parler le danger résultant d'un cas particulier de force majeure. Ce danger découle plus spécialement, suivant l'article 3 de la loi en projet, du genre de moteur adopté ou de l'espèce des matières employées ou fabriquées dans les établissements industriels. Ce même article, sans rien spécifier au delà, s'en remet, au surplus, à un futur règlement d'administration publique du soin de déterminer les industries qui devront être considérées comme présentant des risques professionnels.

Évidemment, parmi ces industries, seront appelées à figurer celles qui exigent l'emploi de moteurs mécaniques, ce qui, en fait et du même coup, comprend les industries exercées dans l'une comme dans l'autre des deux grandes classes d'établissements spécifiés en l'article premier du projet de loi, étant bien certain qu'il n'existe pas à cette heure en France, d'établissements industriels dénommés à juste titre : usine, fabrique, manufacture, etc., qui ne fonctionnent pas sous l'impulsion de la vapeur, de l'eau, de l'air comprimé, du vent ou de l'électricité. Nous verrons plus loin que le projet de loi, que nous étudions en ce moment, laisse en réalité à la charge du patron, avec certains tempéraments toutefois, que ne comportait pas le projet voté en première lecture par la Chambre (2), le poids de cette responsabilité

---

(1) Notons, en passant, que les exemples d'accidents présentés par la Commission comme rentrant dans la catégorie des risques professionnels ne sont pas heureusement choisis. Le premier, *éclat de machines*, pourra bien souvent constituer un cas de faute de la part du patron ou de ses préposés ; le second, *oubli par l'ouvrier* familiarisé avec le danger, *des précautions nécessaires* pour sa sécurité, n'est rien autre en réalité qu'un cas de faute à la charge de cet ouvrier.

(2) Ce projet disposait, en effet, *que, lorsqu'un accident arrive dans un établissement présentant un risque professionnel, le patron doit de plein droit, sans qu'il puisse être admis à faire la preuve contraire, une indem-*

du risque professionnel, et de l'observation qui précède, il résulte que c'est encore et exclusivement sur les propriétaires des établissements de la grande industrie, sur les hauts patrons déjà grevés des lourdes charges créées par le titre Ier de la loi en projet, que devra peser le faix de la responsabilité spéciale qui se rattache au risque professionnel.

Pour mesurer d'ailleurs exactement l'importance et les limites de cette responsabilité et pour faire comprendre son mode de fonctionnement, il devient ici nécessaire de faire une courte incursion sur le domaine d'une loi, dont il a été incidemment parlé plus haut, et à laquelle se réfèrent expressément les articles 5 et 6 du projet de loi examiné, la loi du 11 juillet 1868.

Cette loi, entre autres institutions ayant pour objet le plus grand avantage des classes les moins heureuses de la société, a créé en faveur des ouvriers une Caisse nationale d'assurances contre les accidents résultant des travaux tant agricoles qu'industriels. Cette Caisse, alimentée par les cotisations des assurés, les dons et legs qui peuvent lui être faits et surtout par une large subvention de l'Etat, sert à ses assurés blessés dans leur travail, et moyennant le paiement d'une seule et unique prime, des pensions annuelles et viagères dont le chiffre varie suivant celui de la cotisation versée, suivant l'âge de l'assuré, et suivant l'importance de l'incapacité de travail dont il est frappé ; et, au cas de mort de l'assuré par suite de ses blessures, elle fournit à certains de ses ayants droit, des secours gradués d'après les mêmes bases. Disons, sans entrer dans l'exposé du mécanisme assez compliqué de cette institution, qu'il appert des tarifs de la Caisse nationale d'assurances contre les accidents que le chiffre de la pension viagère à laquelle le versement d'une cotisation, spécialement de 8 francs, donne droit à l'ouvrier blessé dans

---

nité à l'ouvrier qui en a été victime. — DE PLEIN DROIT, SANS QUE LE PATRON PUISSE ÊTRE ADMIS A FAIRE LA PREUVE CONTRAIRE, équivaut évidemment à dire : sans que le patron soit admis à prouver qu'il n'est pas en faute, et même que l'accident dont a souffert l'ouvrier est la conséquence de la faute de cet ouvrier.

l'année du versement de cette cotisation, est au *minimum* (assuré âgé de 12 ans) de 290 fr., au cas d'incapacité absolue de travail, et de 145 fr. au cas seulement d'incapacité permanente du travail de la profession, et au *maximum* (assuré âgé de 65 ans et au-dessus) de 624 fr. et de 312 fr., suivant la même distinction quant à la nature de l'incapacité de travail. Ajoutons qu'en cas de décès de l'assuré, la Caisse verse à sa veuve et à ses enfants, et s'il est veuf sans enfants ou célibataire, à ses père et mère sexagénaires, un secours équivalant à deux années de la pension à laquelle l'assuré lui-même aurait eu droit. Disons enfin que ces pensions et secours sont déclarés par la loi incessibles et insaisissables, et que la loi de 1868 admet et réglemente accessoirement les propositions d'assurances collectives à faire par les administrations publiques, les *établissements industriels*, etc.

Ce dernier détail nous ramène tout naturellement au projet de loi sur la responsabilité des patrons. L'article 3 de ce projet dispose en effet que, dans toutes les industries sujettes aux risques professionnels, les ouvriers devront être assurés contre les accidents, et que l'assurance sera contractée par les soins du patron, et l'article suivant (art 4) déclare que cette assurance devra garantir à chaque ouvrier, en cas d'accidents, des indemnités au moins égales aux chiffres des pensions et secours que la Caisse d'assurances, établie par la loi du 11 juillet 1868, alloue actuellement à l'assuré ou aux ayants droit de l'assuré, dont la prime annuelle est de huit francs. L'article 5 dit enfin que l'assurance pourra être contractée soit à la Caisse créée par la loi du 11 juillet 1868, soit aux Compagnies d'assurances anonymes ou mutuelles (lisons à primes fixes ou mutuelles) remplissant certaines conditions à déterminer par un règlement d'administration publique.

Ces textes appellent plusieurs observations. Il est d'abord manifeste qu'aucune Société d'assurances sur la vie ne saurait, livrée à ses seules ressources et sans courir des chances certaines de pertes, offrir aux patrons des conditions d'assurances pour leurs ouvriers, aussi favorables que celles que la Caisse nationale d'assurances, créée par la loi de 1868, est en mesure de leur présenter, grâce aux subsides considérables qu'elle reçoit de l'Etat. On peut donc poser comme un fait indubitable que cette Caisse ne rencontrerait pas, le cas échéant, de concurrence sérieuse pour la conclusion des contrats d'assurances ordonnés par la loi en projet, et que très vraisemblablement la totalité de ces contrats sera passée avec elle, si ce projet de loi devient effectivement loi. Il s'ensuit que les patrons seront fatalement amenés à se plier aux règles et formalités, à coup sûr très minutieuses, auxquelles sont soumises les assurances collectives faites avec la Caisse, aux termes de la loi du 11 juillet 1868 et du règlement d'administration publique rendu pour son exécution à la date du 15 septembre 1868 (art. 30 de la loi, art. 22 du règlement). L'obligation la plus gênante pour eux consistera, sans doute, dans la nécessité où ils seront, en présence des termes de l'article 3 de la loi de 1868, de renouveler leurs contrats d'assurances avec la Caisse à l'expiration de chaque année, et il faut remarquer que cette obligation se trouvera encore sensiblement aggravée à raison du caractère essentiellement nomade de la population ouvrière.

Que si l'on veut, d'un autre côté, apprécier, au point de vue purement pécuniaire, les conséquences sévères pour le patron des dispositions du projet de loi ci-dessus transcrites, on y arrivera par un calcul des plus faciles, puisque l'opération consistera uniquement à multiplier, pour chaque année, la somme de huit francs par le nombre des ouvriers employés par chaque patron. On se rendra ainsi aisément compte que ce nouvel article de frais généraux d'exploitation, article que la Commission dénommerait assez volontiers *Détérioration du matériel humain*, peut atteindre un très gros chiffre dans les grandes entreprises industrielles, et que, s'il est nécessairement d'une importance moindre dans les établissements moins considérables, ce n'est peut-être pas pour ces derniers établissements qu'il sera le moins onéreux.

La somme d'ennuis, de complications et de dépenses que comporte pour les patrons qu'elles visent, l'exécution de ces prescriptions de la loi en projet, a fait naturellement craindre à ses auteurs que ces prescriptions ne vinssent à être souvent inobservées. C'est pour mettre obstacle à ce qu'il en soit ainsi qu'a été organisé dans l'article 7 du projet de loi un double système de contrainte, qui rend tout chef d'établissement industriel, présentant un risque professionnel qui ne se sera pas conformé aux prescriptions de l'article 3, passible d'une amende de 50 à 500 francs et l'oblige, en outre, en cas d'accidents, à payer à l'ouvrier qui en aura été victime ou à ses ayants droit une indemnité équivalente à celle qui lui eût été allouée par la Caisse fondée par la loi du 11 juillet 1868, pour une prime annuelle de huit francs. Au sujet de ces moyens de sanction, il n'y a rien à dire si ce n'est qu'on peut, peut-être, étant donné l'esprit de la loi, s'étonner de ne pas voir figurer à côté de l'amende qu'elle prononce, la peine de l'emprisonnement contre le patron récalcitrant, et que l'article 463 du Code pénal soit déclaré applicable en l'espèce (art. 30 du projet), et encore qu'il y a lieu de supposer en consultant ce même esprit, que cette peine d'amende sera considérée comme encourue non pas une seule fois par chaque assurance collective non réalisée, mais un nombre de fois égal au nombre d'ouvriers que cette assurance aurait dû comprendre. Il faut encore remarquer ici que, cet article 7 du projet de loi procédant simplement par voie de renvoi à la loi de 1868, les seuls ayants droit de l'ouvrier, auxquels un recours contre le patron est ouvert par ce même article, sont ceux que spécifie la loi de 1868, c'est-à-dire la veuve et les enfants de cet ouvrier et, s'il est décédé célibataire, son père et sa mère, à la condition toutefois qu'ils soient sexagénaires.

L'article 9 de la loi en projet stipule qu'en cas d'assurance contractée par le chef d'industrie, l'ouvrier victime d'un accident aura un privilège dans les termes de l'article 2102 du Code civil sur l'indemnité due par l'assureur. Déclarer que dans de telles circonstances l'ouvrier jouira d'un droit de privilège sur cette indemnité, c'est implicitement reconnaître que cet ouvrier est créancier de l'assureur qui la doit, et ainsi se trouve tranchée incidemment, et non sans une certaine aisance, par les rédacteurs du projet de loi, une grosse et assez délicate question de droit.

Deux points seulement restent à examiner pour en avoir fini avec le commentaire du projet de loi sur la responsabilité des patrons, et l'un et l'autre ont leur intérêt.

Nous avons posé en principe, dans les développements relatifs au risque professionnel, que toute la charge de ce risque pesait exclusivement sur le patron, tenu personnellement à couvrir ce risque par une assurance et, à défaut d'assurance, frappé d'amende et obligé d'indemniser à ses frais, en cas d'accident, ses ouvriers blessés ou leurs ayants droit. Il convient cependant de reconnaître que, dans la pensée des rédacteurs du projet de loi, est apparue confusément l'hypothèse d'une participation de l'ouvrier à cette mesure de préservation. On lit en effet ce qui suit dans le rapport de la Commission : « *L'adoption de l'assurance obligatoire nous a paru avoir également l'avantage de ne pas mettre forcément le risque professionnel tout entier à la charge des patrons* », et l'article 4, § 2 du projet de loi porte « *que l'ouvrier ne peut être tenu de contribuer au paiement de la prime que jusqu'à concurrence de moitié au maximum.* » Voilà qui est parfait en théorie, mais l'on peut être certain qu'en fait, le paiement de la prime d'assurance contre le risque professionnel demeurera, en règle générale, la charge exclusive du patron. Il faut bien remarquer tout d'abord qu'alors que l'assurance est obligatoire pour le patron, sous les contraintes pécuniaires que l'on sait, elle demeure légalement facultative pour l'ouvrier, et si l'on veut bien tenir compte de la répugnance qu'éprouvent les ouvriers à distraire une partie de leurs salaires pour nourrir une assurance (1), et de la force de résistance collective qu'ils puisent aujourd'hui dans la pratique perfectionnée des grèves, cette hypothèse de la participation de l'ouvrier aux frais de l'assurance imposée au patron paraîtra bien n'être qu'un leurre, nonobstant les facilités que pourrait avoir le maître de la réaliser à l'aide de retenues sur les salaires.

Il faut maintenant, et pour en terminer, essayer de nous rendre compte de la façon dont pourront, dans la pratique, se combiner les effets de l'une et de l'autre des responsa-

(1) Cette répugnance est attestée d'une manière frappante par ce fait qu'au 31 décembre 1880, la Caisse nationale d'assurances contre les accidents, malgré les grands avantages qu'elle offre à ses participants, ne comptait que 1,812 assurés (Rapport du sénateur Blavier).

bilités que le projet de loi fait peser sur une certaine classe de chefs d'industrie. Un accident se produit dans une fabrique où s'accomplit un travail sujet aux risques professionnels, et un ouvrier est blessé dans cet accident. Il semble juste autant que rationnel que cet ouvrier doive opter entre les deux actions qui lui sont ouvertes : l'une contre le patron, à raison de la responsabilité du droit commun; l'autre, à raison du risque professionnel, soit contre le même patron s'il n'a pas été contracté par ses soins d'assurance contre le risque, soit contre l'assureur dans le cas contraire. Cette solution paraît même, à première vue, découler de l'article 9 du projet de loi, qui dispose « *que les indemnités dues à l'ouvrier en raison du risque professionnel ne se cumuleront pas avec l'indemnité qui pourrait lui être accordée en vertu de l'article premier de la présente loi.* » Mais si l'on se reporte au rapport de la Commission, on voit que telle n'est pas la portée réelle de cette disposition, car on lit dans ce rapport « *que l'indemnité d'assurance que l'ouvrier blessé toucherait, dans tous les cas, à raison du risque professionnel, ne ferait obstacle en aucune façon à l'action en dommages-intérêts qu'il croirait devoir intenter contre son patron en vertu du droit commun, s'il juge que cette indemnité ne représente pas l'intégralité du préjudice causé.* » Il est vrai que le rapport poursuit dans les termes suivants peu faits, paraît-il, pour éclaircir la question : « *Mais il est bien entendu que la Commission n'a jamais voulu qu'un ouvrier pût, pour un même accident, toucher du même patron deux indemnités distinctes et se cumulant. C'est ce qu'elle a pris soin,* ajoute le rapport, *de stipuler dans l'article 9.* »

Au résumé, il paraît résulter de toute cette phraséologie assez obscure que la loi en projet autorise au profit de l'ouvrier blessé le cumul des deux actions, mais non le cumul des deux indemnités. A l'application, cette théorie peut faire naître, entre autres questions, une question de fait assez délicate. Dans l'espèce posée, l'ouvrier n'intente contre le patron l'action de droit commun qu'après avoir touché l'indemnité en capital, ou un ou plusieurs termes de la pension auxquels lui donne droit l'assurance contractée à son profit; s'il triomphe dans son action, il devra sans doute imputer les sommes par lui reçues sur le montant des dommages-intérêts qui lui seront accordés, *puisque*, d'après l'article 9, *l'indemnité pour risque professionnel ne doit pas se cumuler avec l'indemnité de droit commun.* Mais alors, quel sera le sort à l'avenir, entre le patron et l'assureur (la Caisse nationale, par exemple), de l'assurance qui se résumerait dans la constitution d'une rente viagère au profit de l'ouvrier, qui, tacitement, a ainsi renoncé à en réclamer le bénéfice ?

C'est maintenant à un tout autre point de vue qu'il s'agit d'examiner cette grave question de la responsabilité des patrons en matière d'accidents industriels. Le lecteur, après avoir vérifié avec nous quelle est la valeur de la solution proposée sur cette question, et pour certains cas particuliers, par le projet de loi dont il vient de parcourir les textes, ne s'étonnera pas que cette solution répugne au sens moral et critique de nos meilleurs jurisconsultes. L'un de ceux même qui, parmi eux, se montrent les plus désireux d'introduire certaines modifications dans la jurisprudence courante en cette matière, donne clairement à entendre que le premier bienfait d'une interprétation nouvelle et à la fois, suivant lui, plus exacte et plus libérale de la loi existante, serait de rendre sans objet les expédients inspirés par la politique à nos Commissions législatives et de faire rentrer dans l'ombre, conséquemment, tous ces projets ou propositions de loi dérogatoires au droit commun, par lesquels on entend résoudre dans un esprit de faveur et de privilège pour la classe ouvrière, le problème juridique de la responsabilité des patrons (1). Ces citations suffisent pour faire pressentir au lecteur que les opinions que nous allons avoir à combattre dans la dernière partie de cette étude, reposent sur des théories exclusivement scientifiques et qui sont dignes de tous les respects, parce qu'elles ne se fondent pas sur des considérations étrangères au droit et se désintéressent, au contraire, de toute visée autre que celle de faire prévaloir la vérité sur ce que leurs partisans considèrent comme des

---

(1) Labbé. *La Belgique judiciaire*, numéro du 1er janvier 1885, et Sirey, 1885, 4e partie, page 25.

erreurs. Ces opinions, beaucoup plus goûtées jusqu'ici en Belgique (1) qu'en France, ainsi que nous aurons à le voir plus loin, ne sont soutenues parmi nous que par un très petit nombre de juristes dissidents; il est à croire que leurs consciencieux efforts ne parviendront pas à procurer une base solide au nouveau monument de jurisprudence qu'ils se sont donné la tâche d'édifier; mais s'ils nourrissent, en s'attachant à cette œuvre, la secrète espérance de nous préserver, en les rendant inutiles, d'innovations législatives dangereuses, il y a tout lieu de craindre qu'un avenir prochain ne leur apporte à ce sujet de cruelles et complètes désillusions.

C'est en Belgique qu'est apparue, suivant toute vraisemblance, pour la première fois, la doctrine très spécieuse sans doute, mais à notre sens erronée, qu'il nous reste à exposer et à critiquer. Cette doctrine, dont on peut aussi, non sans quelque apparence de raison, attribuer la paternité partagée à M. Sauzet, agrégé à la Faculté de Droit de Lyon (2), se trouve largement développée dans un ouvrage publié à Bruxelles, en l'année 1884, sous ce titre : *De la Responsabilité et de la Garantie*, par M. Sainctelette, avocat représentant et ancien ministre en Belgique, ouvrage remarquable spécialement par les aperçus nouveaux qu'on y rencontre, la connaissance approfondie des matières traitées, et une grande indépendance de jugement unie à une forme de style des plus claires et absolument personnelle. Cette même doctrine fleurit à cette heure devant quelques-uns des tribunaux belges, et elle a été consacrée, vers la fin de 1884, par un arrêt de la cour supérieure de justice du Luxembourg, mais elle a été formellement répudiée par la cour de Liège le 18 juin 1885, et il faut noter qu'elle n'a pas jusqu'ici trouvé droit d'asile à la barre des cours et tribunaux français. Cependant l'adhésion que lui a récemment accordée, non sans quelques réserves, il est vrai, un savant professeur de la Fa-

(1) Notre Code civil a force de loi en Belgique et dans le duché de Luxembourg.

(2) *Revue critique de Législation et de Jurisprudence.* Livraisons d'août et de septembre et d'octobre et novembre 1883.

culté de droit de Paris, M. Labbé (1), est venue apporter à cette même doctrine un renfort aussi puissant qu'imprévu.

Cette théorie nouvelle se propose d'exonérer l'ouvrier, demandeur en dommages-intérêts dans les circonstances qui nous occupent, de la majeure partie des preuves mises à sa charge par la jurisprudence actuellement suivie par nos tribunaux, et le procédé employé pour atteindre ce but consiste à déplacer, dans ces sortes de conflits, le terrain du débat judiciaire en le portant non plus dans le domaine du délit ou du quasi-délit, mais bien dans celui du contrat, et en un mot à transformer une question de *faute, stricto sensu*, en une question *d'inexécution d'obligation conventionnelle.* Un exemple fera mieux saisir cette distinction, capitale dans ce système, que ne le pourraient faire de plus amples explications.

Voici qu'un accident se déclare dans l'atelier de *Primus*. Deux personnes sont blessées dans cet accident : l'une *Secundus*, ouvrier travaillant dans l'atelier; l'autre *Tertius*, qui est un tiers présent par un pur effet du hasard, dans cet atelier au moment de l'accident. *Secundus* et *Tertius* intentent chacun de son côté une action en indemnité contre *Primus*. Aux termes de la théorie nouvelle, *Tertius* sera tenu, pour faire triompher sa demande, d'établir expressément que l'accident a procédé de la faute de *Primus*. *Secundus*, au contraire, n'aura à faire d'autre preuve que celle-ci : qu'il a été blessé, dans l'atelier de *Primus*, au cours de l'exécution du travail qui lui avait été commandé par celui-ci (2). Pourquoi cette différence ? C'est que (disent les partisans de cette théorie), aucun lien de droit, autre que celui que crée la faute de *Primus*, n'existant entre ce dernier et *Tertius*, *Tertius* n'a d'action contre *Primus* qu'en vertu de l'article 1382 du Code civil et doit, dès lors et au préalable, justifier de l'existence d'une faute à la charge de *Primus*, tandis que *Primus* et *Secundus* sont unis par le nœud d'un contrat, le *contrat*

---

(1) Voir la note de la page 28.

(2) M. Labbé exige en outre que l'ouvrier justifie *d'une corrélation certaine entre la blessure reçue et un appareil, un instrument fourni par le patron, ou une disposition prise par l'entrepreneur pour le travail.*

de louage de service ; que dans ce contrat l'engagement du maître comporte l'obligation de veiller à la sûreté de son ouvrier, et que, du moment que cet ouvrier a été blessé chez le maître en exécutant son travail, c'est que le maître, sans nul doute, n'a pas strictement accompli l'obligation de veiller à sa sûreté. D'où la conséquence, ajoute-t-on, que c'est au maître à prouver qu'il a rempli cette obligation, pour s'exonérer de toute responsabilité (art. 1315 § 2 du Code civil).

Il semble bien que cette thèse repose à la fois sur une pétition de principes et sur une inexacte interprétation des règles du contrat de louage.

Et d'abord, si, lorsque l'ouvrier fait la preuve d'une blessure reçue à l'atelier au cours de son travail, on met de suite et sans balancer, le patron en demeure de prouver qu'il a rempli son obligation de veiller au salut de son personnel, c'est donc qu'on présume que l'ouvrier n'a pu être blessé que parce que cette obligation n'a point été observée. Quelle est donc la considération majeure qui autorise ainsi à rattacher *a priori* et par l'effet d'une présomption exclusive de toute autre hypothèse, tout accident d'atelier à l'inexécution par le maître de son obligation de pourvoir à la sécurité de ses employés ? Est-ce qu'à côté de cette cause ne figurent pas le cas fortuit, la force majeure, l'imprudence même de l'ouvrier blessé ? Pourquoi, dans de telles espèces, laisse-t-on dans l'ombre ces trois dernières causes éventuelles d'accident, pour ne s'attacher qu'à celle qui peut engager la responsabilité du patron ? Ne serait-il pas juste, tout au moins d'obliger l'ouvrier à justifier, pour faire peser cette responsabilité sur la tête du chef d'industrie, que l'accident ne procède pas de la force majeure, d'un cas fortuit et surtout de sa propre imprudence ? Il semble bien que quelque considération de ce genre doit avoir touché M. Labbé, lorsqu'il se montre hésitant à adopter sans réserves les formules absolues posées en principe par M. Sainctelette, avec leurs extrêmes conséquences, et lorsqu'en particulier il se refuse à admettre comme règle dominant la matière, que le maître par l'effet du contrat de louage soit absolument garant de la sécurité de l'ouvrier dans le travail, ou (comme l'exprime, en termes très énergiques, la cour de justice du Luxembourg dans son arrêt sus-visé), *soit devenu le débiteur contractuel de la sécurité de l'ouvrier.*

Cette première observation a sa valeur sans doute, mais combien est plus forte encore l'objection qui se tire, à l'encontre de la thèse nouvelle, de ce fait, que rien dans les textes du Code qui se rapportent au contrat de louage de services, rien que nous sachions, du moins, dans les travaux préparatoires de cette partie du Code, rien dans nos anciens auteurs ne vient appuyer cette proposition qu'il est de l'essence du contrat de louage que le locateur garantisse la sécurité de l'ouvrier qu'il employe, dans l'exécution du travail qu'il lui confie. Le sagace Pothier, qui, avec sa claire méthode, a pris le soin de détailler dans son traité du *Contrat de louage* (7me partie, chapitre 2, section 1re) les obligations du *locateur d'ouvrage, qui naissent de la nature du contrat, de la bonne foi et des clauses particulières du contrat*, aurait sans doute sursauté sur son fauteuil de conseiller si quelqu'un se fût avisé de lui dire qu'aux obligations qu'il énumère il fallait ajouter l'obligation, pour le locateur, de procurer au conducteur la sécurité du travail commandé.

A cela l'on répond : Sans doute aucun texte de loi ne porte que le locateur d'ouvrage sera, en cette qualité, obligé de pourvoir à la sécurité de son ouvrier, et des termes de l'article 1710 du Code civil on pourrait inférer que sa seule obligation consiste à payer le prix convenu pour la rémunération du travail à exécuter. Mais cette thèse ne peut se soutenir ; Pothier dit expressément que l'obligation de payer le prix du travail est l'obligation *principale* du locateur d'ouvrage, et à côté de celle-là il place l'obligation, pour le locateur, de faire ce qui dépend de lui pour mettre le conducteur en pouvoir d'exécuter le marché, et les obligations du locateur (presque toutes du for intérieur au surplus) qui naissent de la bonne foi. Aujourd'hui comme au temps de Pothier, l'obligation de payer le prix n'est qu'une obligation principale, autour de laquelle peuvent bien se grouper d'autres obligations à la charge du locateur, et si le Code civil n'en mentionne aucune autre expressément, son article 1135 permet de suppléer à cette lacune, puisqu'il porte que *les conventions obligent non seulement à ce qui y est exprimé, mais encore à toutes les suites que l'équité, l'usage ou la loi donnent à l'obligation d'après sa nature.* Ce raisonnement ne paraît pas malheureusement très décisif. On doit certainement admettre que la règle d'interprétation de *la volonté* des parties, tracée par l'article 1135 du Code civil, peut être employée utilement pour l'interprétation d'une disposition de loi insuffisante ou obscure, mais il ne saurait être permis d'étendre au delà de ses termes la faculté de suppléer aux lacunes du texte d'une convention ou du texte d'une loi. Cette faculté ne peut s'exercer qu'autant que la *suite* que l'on entend donner à une obligation mal définie, rentre dans la nature de l'obligation et qu'autant que cette suite est consacrée par *l'équité, l'usage ou la loi.* Or, la seule obligation du locateur d'ouvrage écrite dans la loi étant celle de payer le prix convenu, on se demande par quel lien il serait possible d'y rattacher l'obligation, pour le locateur, de procurer à son ouvrier la sécurité du travail. Cette seconde obligation ne rentre pas évidemment dans la nature de la première et n'en découle pas nécessairement. L'usage, d'ailleurs, n'a jamais jusqu'ici sanctionné une semblable conséquence, et les errements constants de notre jurisprudence sont là pour faire preuve du contraire. Cette jurisprudence, en effet, admet bien d'une façon plus ou moins large que le maître est tenu de pourvoir à la sûreté des travailleurs réunis dans ses ateliers, mais toutes nos décisions de justice, sans exception, ont toujours placé le germe de la responsabilité du maître dans l'article 1382 du Code civil, et non dans les obligations résultant du contrat de louage des services, ce qui revient à dire que dans ces espèces, elles ont considéré et frappé le maître non en sa qualité de locateur, mais uniquement en sa qualité de propriétaire négligent d'un outillage ou de locaux de nature à exposer la personne d'autrui à des dangers qu'un peu plus de prudence aurait pu éviter. Quant à l'équité, en quoi donc pourrait-elle être satisfaite par le triomphe d'un système qui, tout aussi bien que celui que le projet de loi Lockroy tend à faire prévaloir, arrive en dernière analyse à imposer à un défendeur l'obligation de faire une preuve qu'il appartient au demandeur seul de tenter d'administrer.

Il faut sûrement chercher la cause de l'erreur, sur laquelle se fonde la théorie que nous venons d'essayer de réfuter, dans la confusion que font ses partisans entre deux qualités, très distinctes cependant, qui se trouvent réunies simultanément en la personne du chef d'industrie : la qualité de locateur d'ouvrage et celle de propriétaire de l'usine où le travail s'exécute et de l'outillage qui sert à son exécution. Le locateur n'a pas d'autre obligation que celle de payer le prix de cette exécution et de faire en sorte qu'en tant qu'il est en son pouvoir, elle ne rencontre pas d'empêchement. Mais le propriétaire de l'usine et de son outillage est tenu, à moins de se constituer en état de faute, de s'assurer, autant que la prudence humaine le comporte, que l'atelier et sa machinerie se maintiennent en bon état et ne présentent point de danger pour ceux, ouvriers ou autres, qui fréquentent cet atelier, et, s'il manque à ce devoir, il devient passible de dommages-intérêts en vertu de ce principe *que tout fait quelconque de l'homme qui cause à autrui un dommage oblige celui par la faute duquel il est arrivé, à le réparer* (art. 1382. C. civ.). — L'évidence de ces propositions semble bien démontrée par les exemples suivants dont quelques-uns même sont empruntés à la savante dissertation de M. Labbé.

Un ouvrier se charge d'un travail plus ou moins dangereux qu'il fera chez lui avec ses propres outils : il se blesse. Pas de responsabilité pour le patron. Le même ouvrier exécute le même ouvrage dans un atelier et avec l'aide d'un outillage appartenant à un chef d'industrie autre que son patron, il se blesse, et il résulte des circonstances que la cause de l'accident n'est autre que la mauvaise disposition de l'atelier ou l'état défectueux de l'outillage : qui donc sera responsable? Non pas assurément le patron qui a commandé l'ouvrage, mais bien le maître d'atelier chez lequel cet ouvrage a été exécuté. L'ouvrier exécute le travail chez lui, mais à l'aide d'engins ou de substances qui lui ont été confiés par son patron; il se blesse, et, s'il établit que l'accident dont il a été victime procède d'un vice des engins ou de la mauvaise qualité des substances mises à sa disposition, il aura à prétendre justement des indemnités contre celui de qui il tient ces substances et les engins. Est-ce que de tout cela il ne ressort pas clairement que la responsabilité du patron, quand elle se manifeste, ne découle pas de sa qualité de locateur de service, mais uniquement de ce fait qu'il a commis une faute dans les termes de l'article 1382 du Code civil ?

Au point de vue de l'application des principes, l'espèce qui se présente le plus fréquemment en cette matière des accidents industriels, celle où l'ouvrier est blessé dans l'atelier du patron et dans la manœuvre même de la machinerie qui le garnit, ne diffère pas de la dernière des espèces que nous avons posées plus haut. La cause et la mesure légale de la responsabilité restent, dans les deux cas, les mêmes. Il est bien vrai cependant que la responsabilité du patron peut être considérée comme plus lourde en fait, lorsqu'il s'agit d'un travail exécuté à l'usine, à la fabrique ou manufacture, que s'il s'agit d'un travail fait dans d'autres conditions, parce que le travail mené à fin dans un atelier commun à de nombreux ouvriers, à l'aide de machines compliquées et dangereuses, comporte plus que tout autre des éventualités d'imprévoyance, d'imprudence, de faute en un mot du patron ou de ses agents, et par suite plus de périls, plus d'occasions et de causes d'accidents générateurs de dommages-intérêts. Mais, pour expliquer cette aggravation non douteuse de la responsabilité du patron, il n'est pas besoin, on le voit, d'avoir recours à cette formule qui est comme la pierre angulaire de la doctrine nouvelle : *La responsabilité est proportionnée à l'autorité.*

En résumé, où est donc la nécessité d'innover en cette matière soit en légiférant, soit en essayant de plier aux exigences d'un système des textes ou des règles qui s'y montrent réfractaires? Est-ce que nos lois actuelles ne veillent pas suffisamment aux intérêts de la classe ouvrière? Est-ce que la loi sur l'assistance judiciaire n'ouvre pas toutes grandes, pour le besogneux, les portes de tous les prétoires? Est-ce que l'article 1382 du Code civil ne fournit pas à l'ouvrier blessé dans un accident industriel le moyen d'obtenir du patron la pleine réparation (1) de tout préjudice occa-

(1) Notons, par parenthèse, que l'article 1382, théoriquement parlant, offre à l'ouvrier qui l'invoque un secours plus puissant que celui qu'il demanderait à l'action née du contrat de louage : il lui assure la réparation

sionné par sa faute? Est-ce que la jurisprudence en honneur parmi nous n'a point fait, ne fait point au profit de l'ouvrier la plus large application du principe que cet article proclame? N'a-t-il pas été jugé que le patron est en faute lorsqu'il ne veille pas suffisamment à la sécurité des es ouvriers (1), lorsqu'il n'a pas pris les mesures nécessaires pour conjurer les dangers inhérents à leur travail (2), lorsqu'il n'a pas prévu toutes les causes possibles d'accidents (3), lorsqu'il ne prémunit point ses subordonnés autant qu'il est possible contre leurs propres imprudences (4), et enfin n'a-t-il pas été judiciairement reconnu que l'imprudence commise par l'ouvrier en déférant à l'ordre d'un patron n'efface pas la faute imputable à celui-ci (5) et même que le patron ne peut être absous si, après avoir prescrit à son ouvrier des mesures de précaution, il ne s'est pas assuré que ses prescriptions étaient observées (6)? Nos cours et tribunaux n'ont jamais été, il est vrai, jusqu'à décider que la part de l'inconnu qu'il faut faire dans la recherche des accidents de fabrique doit engager la responsabilité du patron et que, défendeur-né dans les procès qui suivent de tels accidents, il doit être contraint à faire la preuve que la demande dirigée contre lui n'est pas fondée. Mais il n'y a pas lieu de le regretter, car de telles propositions ne sont ni équitables ni rationnelles. La protection que l'on doit aux faibles ne doit pas opérer au détriment de la justice.

---

intégrale du préjudice subi; par l'action *ex Contractu* il n'obtiendrait réparation que du préjudice prévu ou que l'on a pu prévoir lors du contrat (art. 1150, c. c.).

(1) Bordeaux, 19 août 1878 (Sir. 79 1. 336). Paris, 12 décembre 1881 (82. 2 236).

(2) Dijon, 27 avril 1877, et Rejet, 7 janvier 1878 (Sirey 78. 1. 412); Amiens, 15 novembre 1883 (84. 2. 6.)

(3) (Dijon, 27 avril 1877.

(4) Aix, 10 janvier 1877 (79. 2. 13); Besançon, 30 mai 1873 (Sirey 75. 1,204).

(5) Cas. 28 août 1881 (Sirey 85 1. 19).

(6) Besançon, 30 mai 1873.

PARIS. — IMPRIMERIE CHAIX, 20, RUE BERGÈRE.—3310-7.

www.ingramcontent.com/pod-product-compliance
Ingram Content Group UK Ltd.
Pitfield, Milton Keynes, MK11 3LW, UK
UKHW021117290826
14628UKWH00014B/2651

9 782019 640040